CUIDE DAS SUAS EMOÇÕES E DA SUA MENTE

GUIA IMPORTANTE PARA SUA SAÚDE E BEM-ESTAR MENTAL .

Contente

3

4

ANTES

Quais características caracterizam com mais precisão a saúde mental?

Todos os aspectos do nosso bem-estar físico, mental e espiritual são considerados parte da nossa saúde mental. Afeta nossas atitudes, emoções e comportamentos. Também afeta como lidamos com o estresse, interagimos com as pessoas e tomamos decisões sensatas. Da adolescência à idade adulta, todos devem manter uma boa saúde mental.

O que são casos de saúde mental? muitos problemas mentais

- Raiva.
- Explica o que é a raiva e oferece dicas de como lidar com ela de forma produtiva e saudável.
- Transtorno bipolar,
- transtorno dimórfico corporal (BDD),
- transtorno de personalidade limítrofe (TPB), ansiedade e ataques de pânico, depressão,
- Transtorno Dismórfico Corporal (TDC) e assim por diante.
- Dissociação e distúrbios relacionados.
- problemas alimentares

Mitos comuns sobre doenças mentais

- "Jovens e crianças não têm problemas de saúde mental" é um mito generalizado.

• Estima-se que mais de seis milhões de jovens nos Estados Unidos tenham uma condição de saúde mental que prejudique seriamente a capacidade de uma pessoa funcionar em casa, na escola ou na comunidade.

• Mito: "Aqueles que precisam de cuidados de saúde mental devem ser segregados em instituições."

• Fato: Com uma variedade de serviços de apoio, tratamentos e/ou medicamentos, a maioria das pessoas agora pode levar uma vida plena em suas comunidades.

• A ideia de que alguém que teve uma doença mental nunca pode ser normal.

- Mito: "Pessoas com doença mental são perigosas."
- A maioria das pessoas com doença mental não comete crimes violentos. Quando a violência ocorre, geralmente é pelos mesmos motivos que a população em geral, como sentimentos de intimidação ou abuso excessivo de álcool e/ou drogas.

- Mito: "As pessoas com doença mental podem fazer trabalhos braçais, mas não são qualificadas para um trabalho verdadeiramente importante ou responsável. »
- Fato: Dependendo das habilidades individuais, histórico e motivação, as pessoas com transtornos mentais são, como qualquer outra pessoa, capazes de trabalhar em qualquer nível.

O que é uma ilustração de como a mente e o corpo interagem?

Seus pensamentos e sentimentos estão conectados. E como você acha que isso pode mudar seus sentimentos. Como seu corpo reage ao estresse é um exemplo dessa conexão mente-corpo. Tensão muscular regular, dores, dores de cabeça e dores de estômago podem ser causadas por ansiedade e estresse constantes relacionados ao trabalho, dinheiro ou outros problemas.

Doença mental

Às vezes chamados de transtornos mentais, são uma ampla categoria de condições que afetam suas emoções, pensamentos e comportamentos.

Alguns exemplos de doenças mentais são depressão, transtornos de ansiedade, esquizofrenia,

- problemas alimentares
- e comportamentos compulsivos.
- violação dos direitos humanos,
- Racismo,
- E o estigma também é comum.
- As doenças mentais mais comuns incluem transtornos de ansiedade, depressão, transtorno bipolar, TEPT e outros transtornos.
- problemas neurológicos.
- Esquizofrenia.
- problemas alimentares
- transtornos dissociativos
- E comportamentos disruptivos.

15

O que desencadeia problemas de saúde mental?

Existem várias razões possíveis para problemas de saúde mental. Embora algumas pessoas possam ser mais afetadas por certas coisas do que outras, muitas pessoas são suscetíveis a serem afetadas por uma combinação complexa de circunstâncias.

Por exemplo, o seguinte pode contribuir para um período de problemas de saúde mental:

• Isolamento social ou solidão, abuso infantil, trauma ou negligência, preconceito e estigma, incluindo racismo

• Pobreza, dificuldades socioeconômicas ou perda de dívidas (perda de um ente querido)

- Estresse grave ou prolongado, problemas de saúde física de longo prazo, desemprego ou perda de emprego
- problemas de habitação ou falta de moradia
- Tornar-se cuidador de alguém a longo prazo
- Uso de álcool e drogas

Grandes traumas na vida adulta, p. B. uma operação militar, participação em um grande evento em que se temia a vida ou a vítima de um crime violento

Por que é importante consultar um profissional de saúde mental?

É preciso coragem para procurar ajuda em saúde mental. também útil

Diminui a susceptibilidade a vários problemas de saúde.

Outros problemas fisiológicos podem resultar de problemas de saúde mental. Obesidade, problemas digestivos e outras doenças estão ligadas à falta de sono e distúrbios do sono. Seu risco de desenvolver outros problemas de saúde é reduzido se você procurar tratamento o mais rápido possível.

Como posso obter ajuda de especialistas?

Onde encontrar profissionais de saúde mental licenciados - Saúde Mental...

Se você ou alguém que você ama está pronto para procurar ajuda profissional, considere estas alternativas ao programa PSSM.

- Contacte o seu médico de família.
- Consulte um especialista em saúde mental.
- Encontre um parceiro especialista certificado.
- Chame um psiquiatra imediatamente.

Como saber se alguém precisa de ajuda especializada?

- Assine que deseja uma consulta particular
- sensação de tensão

- Eu me sinto oprimido por tudo em geral.
- Você pensa demais e acha difícil "desligar" seus pensamentos.
- Estou deprimido e choro mais do que o normal.
- Você fica com raiva com mais frequência ou acha difícil controlar suas emoções?
- Dormir menos ou mais do que o habitual.

Os benefícios da meditação para a saúde mental

Ao focar no momento presente, promover a consciência e a aceitação e desenvolver o autocontrole emocional, a meditação mindfulness melhora a saúde mental.

Eu continuo focando no aqui e agora

Concentrar-se no momento presente é um dos princípios fundamentais da meditação mindfulness. Isso inclui focar no momento presente sem julgar ou deixar que os medos do passado ou do futuro o distraiam.

Ao focar no aqui e agora, você pode melhorar sua saúde mental e reduzir o estresse.

Você pode praticar essa habilidade enquanto medita prestando atenção à sua respiração. Não se distraia pensando no que precisa ser feito a seguir ou se preocupe com algo que já aconteceu, concentrando-se apenas em cada inspiração e expiração.

Reduza o estresse e a ansiedade

É impossível exagerar a eficácia da meditação da atenção plena para reduzir o estresse e a ansiedade, pois é uma estratégia útil para gerenciar a saúde mental.

Ao ensinar a mente a se concentrar no momento presente, a meditação mindfulness ajuda a reduzir esses sentimentos desconfortáveis. Sem crítica ou reflexão, esta técnica promove a consciência e aceitação de nossas ideias e sentimentos.

Por exemplo, a meditação da atenção plena permite que você reconheça sentimentos avassaladores de ansiedade ou insegurança sobre um prazo de projeto de trabalho que se aproxima rapidamente, enquanto você reorienta sua atenção para coisas sob seu controle, como sua respiração ou outras sensações corporais, em vez de se tornar sem sentido. preocupações .

Quais são os benefícios para a saúde mental da autoconsciência?

Compreender a importância da autoconsciência na saúde mental. Nossa capacidade de reconhecer nossos gatilhos emocionais e entender como reagimos a eles é aprimorada pela autoconsciência. Podemos controlar melhor nossas emoções quando temos medo delas. Para controlar nossas emoções e evitar reações exageradas , podemos usar técnicas como respiração profunda, meditação ou exercícios.

24

Inteligência emocional e saúde mental: um relato

Doença mental e inteligência emocional

A pesquisa ligou a inteligência emocional a problemas de saúde mental, particularmente ansiedade e depressão. Em particular, a inteligência emocional demonstrou ser uma defesa contra muitas doenças.

Como a inteligência emocional ajuda a entender melhor os estressores em potencial, faz sentido que ela tenha um efeito imunizante contra doenças mentais. Isso pode reduzir sentimentos desconfortáveis de excitação excessiva e ajudar as pessoas ansiosas a retornarem a um estado mais calmo mais rapidamente porque o ambiente parece menos perigoso.

Ser capaz de reconhecer melhor seus sentimentos pode ajudar alguém com depressão a continuar lidando plenamente com situações difíceis ou perdas. Como resultado, a pessoa pode ser mais capaz de lamentar as habilidades, objetivos ou relacionamentos perdidos mais tarde na vida e ser capaz de realmente deixar o passado para trás.

Saúde mental positiva e inteligência emocional

Com relação ao potencial do QE para proteger contra doenças mentais prejudiciais, a associação entre desempenho mental e saúde mental positiva foi considerada mais fraca. No entanto, há evidências de que alguns componentes da inteligência emocional se correlacionam com maior bem-estar.

Métodos de enfrentamento do estresse.

O que você faz quando um prazo expira ou seu carro quebra? Não ignore os sintomas persistentes de estresse, porque o estresse de qualquer tipo, seja crônico, leve ou grave, tem efeitos nocivos no corpo e na mente. Haverá inevitavelmente momentos difíceis na vida. No entanto, o estresse extremo, especialmente quando ocorre com frequência, pode nos prejudicar.

Sob tais condições estressantes crônicas, o risco de depressão e problemas cardíacos, como doenças cardíacas, pode aumentar.

Reconheça o que seu corpo está passando e desenvolva estratégias simples de enfrentamento para compensar as consequências negativas das demandas diárias.

O estresse vem em duas formas diferentes:

- O estresse emocional pode ser causado por problemas de relacionamento, pressões no trabalho, problemas financeiros, exposição ao racismo ou uma grande mudança na vida.

- Físico: O estresse físico inclui sentir-se doente, estar doente, ter problemas para dormir, se recuperar de um acidente ou ter problemas com álcool ou drogas.

lutar ou fugir

O estresse súbito ou prolongado ativa o sistema nervoso e desencadeia a produção de hormônios corticais e adrenalina, que aumentam a pressão arterial, a frequência cardíaca e o açúcar no sangue. Essas mudanças desencadeiam a resposta de luta ou fuga do seu corpo. Ajudou nossos ancestrais a escapar dos tigres dente-de-sabre e ainda hoje é útil para proteger contra perigos como acidentes de carro. No entanto, a maioria dos estresses crônicos de hoje, como dificuldades financeiras ou um relacionamento difícil, mantém seu corpo naquele estado elevado que afeta negativamente sua saúde.

efeitos do alto estresse

A maioria de nós acabará trabalhando com menos eficiência sob estresse constante. Como vários estudos associaram o estresse crônico a um risco aumentado de doença cardiovascular, derrame, depressão, ganho de peso, demência e até morte prematura, é importante reconhecer os sintomas do estresse crônico.

- Dormir mal por longos períodos.
- Dores de cabeça severas que ocorrem com frequência.

- Ganho ou perda de peso irracional.
- Sentimentos de inutilidade, desinteresse ou isolamento.
- Raiva e hostilidade constantes.
- Diminuição da motivação para as atividades.
- Inquietação constante ou ruminação excessiva.
- Uso excessivo de drogas ou álcool.
- Difícil de focar.

O que significa o termo "Psicologia Positiva"?

Por que a psicologia positiva é importante e do que se trata?

A psicologia positiva é uma abordagem prática para o desempenho máximo e o estudo científico do bem-estar humano. Também é chamado de estudo das qualidades e características que sustentam o sucesso de pessoas, grupos e organizações. O Instituto de Psicologia Positiva é a fonte. O que a psicologia positiva significa para a saúde mental?

A relação da psicologia positiva com a saúde mental

Felicidade, esperança, motivação, empatia e autoestima são ideias centrais da psicologia positiva que melhoram diretamente o bem-estar humano (Schrank & Slade, 2007). Caracterizado pela alegria e desejo de se comportar de maneira a aumentar a alegria e a auto-satisfação.

Quais são três exemplos de boa saúde mental?

- Sentir-se no controle de sua vida e de suas escolhas pessoais é um sinal de boa saúde mental.
- Ser capaz de lidar com as dificuldades e pressões da vida.
- Um estado de espírito saudável, como B. a capacidade de prestar atenção ao trabalho.
- Tenha uma visão positiva da vida em geral; sinta-se bem fisicamente
- Descanse o suficiente.

Como a saúde mental está relacionada à felicidade?

No geral, os resultados do estudo mostram uma associação inversa entre os níveis de felicidade e a gravidade da saúde mental. Isso mostra que as pessoas são mais propensas a relatar níveis mais baixos de felicidade quando pontuam mais alto na escala de problemas de saúde mental.

O que significa resiliência em saúde mental?

A capacidade de "recuperar-se da adversidade" tem sido usada para caracterizar a resiliência, um termo que descreve a saúde física e mental geral. A psicologia positiva sempre enfatizou a capacidade de uma pessoa de aproveitar a vida e encontrar um equilíbrio entre a busca de objetivos psicológicos e as atividades diárias.

Quais são os cinco pilares da resiliência em saúde mental?

Em tempos desafiadores, comprometa-se com os cinco pilares da resiliência

Autoconsciência, atenção plena, autocuidado, relacionamentos saudáveis e determinação são os cinco pilares que compõem a resiliência.

Como aumentar sua força mental?

Embora coisas diferentes possam ser úteis para pessoas diferentes, você pode tentar algumas das seguintes soluções:

Cuide-se. Ser gentil consigo mesmo pode ajudá-lo a se sentir melhor em várias circunstâncias.

Faça um esforço para relaxar;
Persiga seus interesses e hobbies.
passar tempo na natureza.
Cuide do seu bem-estar físico.

O que envolve uma conexão de nutrientes?

Cada pessoa na conexão se beneficia do cuidado e da atenção dos outros, o que beneficia todos os envolvidos. Sentir-se incluído e ter um sentimento de pertencimento são muitas vezes características de relacionamentos saudáveis. Faça os outros se sentirem amados por eles. Apoie o bem-estar dos outros.

Que tipo de conexão seria considerada estimulante?

Técnicas para manter o relacionamento.

O propósito é uma das formas mais comuns de comportamento parental em um relacionamento. Tudo o que você precisa fazer é reservar um tempo para o seu parceiro. Você pode começar a marcar compromissos, ir ao cinema, fazer caminhadas, etc. Essas atividades promovem o crescimento da proximidade em seu relacionamento.

Quais doenças mentais causam ansiedade?

Transtorno de ansiedade generalizada, que inclui transtorno do pânico com ou sem fobias de ansiedade específicas, agorafobia, transtorno de ansiedade social, transtorno de ansiedade de separação e silêncio seletivo são algumas das diferentes formas de transtorno de ansiedade .

Quais são as quatro formas de doença mental e os cinco tipos de transtornos de ansiedade?

As cinco categorias mais comuns de transtornos de ansiedade são:

Os transtornos de ansiedade que podem ser tratados incluem transtorno obsessivo-compulsivo (TOC), transtorno do pânico, uma condição conhecida como transtorno de estresse pós-traumático (TEPT), transtorno de ansiedade social e tratamento do transtorno de ansiedade.

Quais são os quatro mecanismos de enfrentamento da ansiedade?

1. Exemplos de mecanismos de enfrentamento
2. Respire profundamente.
3. Os principais grupos musculares são tensos e

relaxados (liberação muscular progressiva)

4. Imagens guiadas ou meditação.

O que é um transtorno de humor em termos de saúde mental?

Seu estado emocional é afetado principalmente pelo problema de saúde mental conhecido como transtorno de humor. Em pacientes com transtornos de humor, altos e baixos emocionais extremos podem durar muito tempo. Embora existam muitos tipos de transtornos do humor, dois dos mais comuns são o transtorno bipolar e a depressão.

O que torna a depressão diferente de outros transtornos do humor?

Seu nível de energia, funcionamento cognitivo (por exemplo, pensamentos acelerados ou falta de atenção), padrões de sono e hábitos alimentares podem ser afetados pelos sintomas de um transtorno de humor. Um dos sintomas típicos da depressão é sentir-se deprimido quase todos os dias. Falta de força ou sensação de exaustão

Como reconhecer a depressão?

Pessoas diferentes são afetadas pela depressão de maneiras diferentes. Em vez de felicidade, tristeza ou raiva, você pode se sentir entorpecido ou vazio. Às vezes, a depressão pode aparecer como raiva ou desespero. Pequenos problemas de repente parecem grandes.

Como os profissionais de saúde mental podem reconhecer a depressão?

O psicólogo observará a atitude e o comportamento de uma pessoa, fará perguntas detalhadas sobre os sintomas relatados (por exemplo, quanto tempo duram, quão graves são, etc.), como os sintomas afetam a vida diária e, possivelmente, investigações psicológicas para auxiliar no diagnóstico .

A perda e o luto podem causar doenças mentais?

Perder um ente querido pode ser traumático e muito perturbador. Você pode sentir que sua vida diária nunca mais será a mesma durante o processo de luto, o que pode ser confuso.

A maioria das pessoas finalmente consegue aceitar sua perda e retornar à vida normal. Cada caminho para a aceitação é único e algumas pessoas podem levar mais tempo do que outras para chegar lá. A maioria das pessoas eventualmente sente os efeitos da dor em sua saúde mental. No entanto, em algumas pessoas, os sintomas podem ser muito mais graves do que em outras.

Como está a saúde mental dos adolescentes?

Existem outros sintomas de transtornos mentais em adolescentes além da depressão. A vida de um adolescente pode ser afetada de várias maneiras.

Adolescentes com problemas de saúde mental podem ter dificuldades com a escola, tomar decisões e manter sua saúde física.

Por que a saúde mental do adolescente é importante?

Saúde mental do adolescente: por que é importante? | cmc

Adolescentes com problemas de saúde mental são mais vulneráveis a atividades sexuais perigosas, que podem levar a gravidez não planejada, HIV, DSTs e abuso de substâncias, entre outros riscos comportamentais e de saúde. Os efeitos da má saúde mental persistem na idade adulta.

Que traços mentais definem a adolescência?

A puberdade é uma época de crescimento intelectual, incluindo uma maior capacidade de pensar de forma abstrata.

controle de impulso.

A criatividade.

Capacidade de tomada de decisão e resolução de problemas.

Como isso afeta o bem-estar mental dos adultos?

Ela influencia nossas atitudes, sentimentos e ações. Também afeta como lidamos com o estresse, nos comunicamos com os outros e tomamos as decisões certas. Todas as fases da vida, desde a infância e adolescência até a idade adulta, são essenciais para a manutenção da saúde mental.

Quais doenças mentais são comuns no final da idade adulta?

Os idosos geralmente sofrem de problemas de saúde mental, que podem incluir demência, psicose, transtornos de humor e ansiedade e solidão, entre outros. Muitos idosos apresentam problemas de sono e comportamento, declínio cognitivo ou episódios de confusão devido a condições médicas ou cirurgia.

Como a saúde mental do adolescente afeta a vida adulta?

Quando se trata de sua saúde mental quando adultos, crianças e adolescentes com problemas de saúde mental geralmente têm saúde mental, satisfação com a vida e qualidade de vida geral relacionada à saúde mais baixas.

Qual é a conexão entre solidão e isolamento?

Independentemente do grau de interação social, a solidão é a sensação de estar sozinho. A falta de relações sociais é chamada de isolamento social. Algumas pessoas podem se sentir solitárias devido ao isolamento social, enquanto outras podem se sentir solitárias mesmo quando não estão socialmente isoladas.

Como você lida com o isolamento e a solidão?

Como posso lidar com a solidão?

Descubra como você está confortável em seu negócio.

Tente ser honesto com quem você conhece.

Mover-se lentamente.

construir novos relacionamentos.
Evite comparar-se com os outros.
Cuide-se.
Aprenda sobre a terapia da fala.